DÉNONCIATION

PRÉSENTÉE

AU COMITÉ DE LÉGISLATION

DE LA

CONVENTION NATIONALE,

Contre *le Représentant du Peuple* Dupin;

Par les Veuves et Enfans des ci-devant Fermiers Généraux.

A PARIS,

CHEZ DU PONT, IMPRIMEUR-LIBRAIRE,
rue de la Loi, N° 1232.

L'AN III DE LA RÉPUBLIQUE.

DÉNONCIATION

PRÉSENTÉE

AU COMITÉ DE LÉGISLATION

DE LA

CONVENTION NATIONALE,

Contre *le Représentant du Peuple* DUPIN;

PAR les Veuves et Enfans soussignés des ci-devant Fermiers Généraux.

—————

UN Décret de la Convention nationale, en date du 6 prairial dernier, renvoie au comité de législation, pour en faire un rapport général, les plaintes élevées contre les députés en mission, ou chargés de quelques commissions particulières.

Ce décret prescrit à chaque citoyen son devoir, et indique aux veuves et enfans des fermiers généraux, assassinés le 19 floréal de l'an deuxième, la conduite qu'ils ont à suivre, pour obtenir la vengeance que la justice nationale réclame elle-même.

A 2

4

Partagés entre le besoin de voir leurs assassins punis, et la crainte de faire soupçonner
un instant que des intérêts pécuniaires pourraient se trouver mêlés à ce premier sentiment,
ils ont gardé, jusqu'à ce moment, un pénible
silence. Mais aujourd'hui que, pour répondre
au compte demandé à leurs malheureux pères,
relativement aux baux de David, Salzard et
Mager, ils ont retrouvé et peuvent présenter les
Arrêts de quitte des deux premiers baux, déli-
vrés par les tribunaux à qui les loix confiaient
alors l'examen et la discussion de leurs comptes;
et pour le troisième bail, des certificats des
commissaires de la comptabilité, qui annon-
cent qu'il ne résulte, des comptes qu'ils ont
remis, aucun *debet* envers la Nation; aujour-
d'hui que toute la France attend le rapport
du comité de législation, qui doit faire connaître les députés qui ont provoqué des in-
justices et des assassinats, et cherché, par
ce moyen, à avilir la Représentation nationale; aujourd'hui, enfin, que cet important
rapport est annoncé comme très-prochain, il
nous a paru que la justice, la nature et l'in-
térêt public nous commandaient de fixer, par
une dénonciation précise, l'attention du comité de législation sur le Représentant du
Peuple Durix.

Voici les faits.

En septembre 1793, vieux style, *Gaudot*, ancien receveur de la Ferme, et son débiteur d'une somme de *cinq cents mille livres*, trouvées en *déficit* dans sa caisse; *Haudon-Vernon*, ancien directeur du tabac de la Ferme; *Guillaume - Châteauneuf*, sous - chef de la correspondance de la Ferme; *Motet*, directeur de la Ferme, et *Jacquart*, directeur de la comptabilité de la Ferme, tous cinq, attachés à elle, jusqu'au premier avril 1791, se présentent et offrent de découvrir de grands abus, dont ils disent avoir connaissance dans son administration. Un décret du 27 du même mois de septembre accueille leur dénonciation, les nomme *reviseurs*, et leur promet une indemnité proportionnée aux sommes provenantes des malversations qu'ils découvriront. Mais pour atténuer l'immoralité d'une disposition qui provoque des dénonciations éventuelles, par l'appât d'une récompense, le même décret ordonne, article III, que leur travail sera soumis à la vérification des commissaires de la comptabilité, lesquels devront en faire un rapport au comité des finances. C'était offrir, au moins, une sauve-garde contre la calomnie; et la Convention crut, sans doute,

y en opposer une autre, en nommant, par
ce même décret, deux Représentans du Peuple, Dupin et Jack, pour en surveiller l'exécution.

Quelle a été la conduite de ces deux Représentans, dans cette horrible affaire?

Jack ne peut être accusé d'avoir suivi la
course rapide de son collègue, dans la car-
rière sanglante que *Dupin* avait résolu de par-
courir, et dont la catastrophe lui a valu les
félicitations de son ami *Barrère*, et lui vau-
dra, nous avons droit de l'espérer, la juste
punition due aux grands crimes.

Déjà *Cambon* avait annoncé à la Convention nationale qu'il recouvrerait *trois cents millions* sur les fermiers généraux; déjà les faus-
ses et très-vagues inculpations de leurs dénonciateurs étaient adoptées comme des faits
qu'on aurait eu démontrés; déjà, pour éloi-
gner les preuves justificatives, *Montaut*, l'un
des satellites de la faction, avait fait ordonner
l'emprisonnement des citoyens calomniés. Il
ne restait plus qu'à consommer le crime. *Dupin*
accepta cette commission.

Le comité va voir, par les aveux mêmes de
Dupin, qu'il l'accepta, sachant parfaitement

quelle en était l'atrocité, et que l'assassinat était le but qu'on se proposait.

En approfondissant les inculpations des réviseurs, il eut été impossible de ne se pas convaincre qu'elles ne contenaient que des calomnies grossières. *Dupin* ôta toute facilité aux accusés pour fournir leurs moyens de défense. Malgré les vives instances de ces infortunés, il leur refusa constamment de les entendre, ou de les faire entendre contradictoirement avec leurs dénonciateurs. C'était lui qui, de sa suprême autorité, traçait la marche pour l'attaque et pour la défense : recueillant, produisant par-tout les dénonciations, les cachant aux seuls accusés ; faisant, de tems en tems, à ses prisonniers, des questions insidieuses, sur lesquelles ces malheureux cherchaient à deviner de quoi ils étaient accusés ; flattant leurs femmes et leurs enfans, jusqu'au moment où il devait aller à la tribune, demander leur MORT ; prome tant à chacun d'eux, qu'en peu de jours, tout serait terminé, que leurs pères, leurs maris ne seraient plus en prison : et leur tenant parole, en les conduisant, deux jours après, à l'échafaud.

Dupin lui-même a dévoilé à la Convention nationale ces mystères de sa propre iniquité.

A 4

Il avoue, dans la *motion d'ordre* qu'il a prononcée à la tribune, le 16 floréal dernier, jour anniversaire de son crime, que *la faction de Robespierre voulait* BATTRE MONNAIE, (page 4); *que le sacrifice des fermiers généraux était le résultat combiné d'un plan de finances projetté par Robespierre et ses complices*, (page 5); *que le travail des comités entraînait trop de tems, et contrariait l'impatience de ceux qui, ayant spéculé sur la fortune des victimes qu'ils avaient désignées, voulaient que cette affaire fût jugée sans examen, et révolutionnairement*, (pages 5 et 6). Il s'est chargé d'abréger, d'éluder, de violer les formes prescrites au travail par les décrets de la Convention, de hâter, d'assurer les *mesures révolutionnaires*, les mesures *d'assassinat* que commandaient Robespierre et ses complices.

Les fermiers généraux venaient enfin de se procurer, par leurs amis et leurs familles, le mémoire imprimé qui les inculpait. Prompts à y répondre, avec des pièces qui ne laissaient aucun doute, ils avaient pris la résolution, malgré les menaces indirectes de *Dupin*, de faire imprimer leur mémoire justificatif. Et *Dupin*, chargé de l'exécution du décret du

27 septembre 1793, *Dupin*, dont le devoir était de porter le travail des reviseurs, et le mémoire, en réponse, des fermiers généraux, pardevant les commissaires de la comptabilité, n'a pas suivi un seul instant cette loi positive. Craignant que ces commissaires n'examinassent les pièces avec plus de soin et d'impartialité que ne pouvaient le faire des comités dirigés par *Cambon*, il abandonne ses fonctions de commissaire, et se constitue rapporteur des comités. Il soustrait ainsi les pièces à l'examen des commissaires de la comptabilité ; il écarte le mémoire justificatif des fermiers généraux ; il leur fait entendre, avec perfidie, que la publicité de ce mémoire indisposerait contre eux le comité des finances. Nous avons vu ces malheureuses victimes, ne pouvant croire à la combinaison atroce de ces moyens, se donner plus de peines, pour retirer le petit nombre d'exemplaires de leur mémoire en circulation, que ne s'en serait donné tout autre accusé, pour répandre les siens. Alors *Dupin* en impose aisément aux trois comités de législation, des finances et des comptes réunis à la commission, et devenu leur organe, il énonce à la tribune de la Convention nationale, comme des crimes prouvés, les

simples inculpations des reviseurs. Il y garde un profond silence sur le mémoire justificatif; il n'articule pas un seul fait contre révolutionnaire, ni même postérieur à la révolution, et il vient néanmoins demander, au nom des comités, que les fermiers généraux soient traduits en masse au tribunal révolutionnaire.

Que *Dupin* réponde ici à cette interpellation : qu'était-il alors? Commissaire chargé de l'ex'cution du décret du 27 septembre 1793, ou bien rapporteur des trois comités?

J'tait il commissaire? C'était donc un commissaire infidèle, coupable, complice de la faction qui opprimait alors la Convention nationale, et dont il rapporte dans sa motion d'ordre les forfaits relatifs à cette affaire : vil instrument de cette faction, il n'hésitait pas à lui sacrifier jusqu'à l'exécution du décret même dont il était spécialement chargé de faire suivre les dispositions.

Etait il simplement rapporteur des trois comités ? Mais quel était donc alors le décret qui avait révoqué le premier qui le nommait commissaire et lui attribuait d'autres fonctions? Si un membre, autre que *Dupin*, avait voulu faire ce rapport, le devoir de *Dupin* était de se lever et de dire : Je m'oppose à ce qu'il

» soit fait ; je suis chargé de veiller à l'exé-
» cution d'un décret, qui donne aux fermiers
» généraux les moyens de se défendre. Un
» rapport brusque et précipité peut les perdre,
» et ce n'est point le vœu de la Loi. Jusqu'à
» ce qu'elle soit rapportée, je serais respon-
» sable de souffrir que l'on s'écartât de la mar-
» che tracée par cette loi pour l'instruction de
» ce grand procès, dans lequel il n'existe en-
» core que des inculpations sans preuves ».

Qu'en est-il résulté ? Que *Dupin*, ministre
des tyrans, qui avaient résolu le massacre des
fermiers généraux, est venu leur fournir des
armes pour préparer leur triomphe, et enlever
en même-tems le bouclier que la justice et la
morale pouvaient offrir aux accusés. Il a
trompé, par son atroce perfidie, les membre
purs de la Convention qui auraient pu ré-
clamer en faveur de ces malheureuses victimes. Sa seule présence leur disait : Soyez
» tranquilles. Les résultats que je vous sou-
» mets sont la suite de l'exécution de votre
» décret du 27 septembre 1793; puisque je pa-
» rais devant vous, c'est que la marche que
» vous avez tracée a été fidèlement suivie.—Les
» accusés et les accusateurs ont été entendus
» contradictoirement; les commissaires de la

» comptabilité ont prononcé ; le comité des
» finances a confirmé ce premier jugement ;
» l'affaire est instruite ». Chacun des membres
qui étaient de bonne foi (les autres étaient
avec *Dupin* , les artisans mêmes de cette abó-
minable intrigue) chacun des membres qui
étaient de bonne foi a dû conclure , en se rap-
pellant cette première loi , que puisqu'après
avoir passé par tant d'épreuves , les fermiers
généraux étaient encore prévenus des faits
exposés par *Dupin* , ils étaient vraisemblable-
ment coupables. La Convention a donc décrété
l'envoi à un tribunal de sang , parce que *Dupin*
lui a fait un faux exposé pour complaire à une
faction criminelle et féroce ; *Dupin* a trompé
la Convention.

Et *Dupin* lui même n'était pas trompé. Il
ne pouvait pas l'être Il savait parfaitement que
les commissaires de la comptabilité n'avaient
point vérifié , ni même examiné le travail des
réviseurs. Il savait parfaitement que le mémoire des fermiers généraux n'était pas connu :
c'était lui qui leur avait conseillé d'en retirer
les exemplaires. Il savait parfaitement qu'il n'y
avait pas contre les fermiers généraux une seule
imputation de faits contre révolutionnaires ,
et que , par conséquent , le tribunal révolu-

tionnaire ne pouvait être leur juge. Il dit, pour s'excuser, qu'*on l'avait calomnié* (pages 6 et 7 de sa motion d'ordre); qu'on l'avait *menacé d'être perdu sans ressource; qu'on l'avait environné de tous les moyens de terreur*, de tous ces moyens par lesquels *on est parvenu à arracher à la Convention*, à surprendre à sa conscience *des décrets qui*, plus mûrement discutés, approfondis dans toutes leurs conséquence et leurs rapports, *n'eussent jamais existé.* Il avoue ainsi lui-même sa lâcheté, sa turpitude, son crime, crime dont la Convention est intéressée à punir le véritable coupable, comme elle l'est et à venger les infortunés qu'il immola pour les dépouiller.

Tout, dans cette odieuse affaire, montre la plus exécrable coalition de brigands sanguinaires, et présente par tout *Dupin* comme son ministre le plus actif, le plus vil, le plus corrompu. Le tribunal a prouvé, par sa conduite, l'impatience avec laquelle il attendait des infortunés, dont le massacre était résolu d'avance. *Dupin*, encore plus pressé que le tribunal, le 18 floréal, la veille du jugement, se fait autoriser, par le comité de sûreté générale, à faire inventaire des meubles, effets et papiers précieux laissés par les fermiers généraux qui n'étaient pas encore condamnés, qui même ne l'ont jamais été, car il n'y a point dans leur procès de déclaration de jury, et par conséquent point de jugement : le fait a été constaté dans le procès de Fouquier-Tinville, et *Dupin* est venu l'avouer à la tribune le 16 floréal dernier. Mais peu lui a importé. Il n'a point attendu, pour disposer des dépouilles, le jour du meurtre, ni celui de l'apparence du jugement ; il s'en est fait la veille délivrer le pouvoir ; et soit pour laisser moins de trace de son forfait, soit pour en trouver récompense, il a cumulé les fonctions d'huissier-priseur avec celles de géolier, que déjà il s'était arrogées de son autorité personnelle pendant la détention de ses victimes.

Après avoir depuis le 18 floréal, usé comme il lui a plu, de l'autorisation à lui remise par le comité de sûreté générale, il s'est associé le 21 deux membres de l'ancien comité révolutionnaire de la Halle-aux-Bleds, et a dressé avec eux un inventaire informe, où rien n'est évalué, détaillé, ni désigné, et où la seule chose claire est la disposition arbitraire que fait *Dupin* en faveur de ses deux acolytes, d'une portion du linge, des habits, des effets, qui n'est pas même déterminée, et que le Représentant du Peuple leur accorde en récompense de leur zèle dont il fait un pompeux éloge.

La clôture de cet acte du 22 floréal est encore plus horrible. *Dupin* suspend l'inventaire pour que les membres du comité révolutionnaire qui l'accompagnaient aillent dénoncer deux fermiers généraux vieillards septuagénaires (les citoyens *Douet* et *Mercier*) oubliés dans les prisons , et que *Dupin* regrette de voir *échapper* au sort que leurs collègues avaient subi.

C'est ainsi que *Dupin* a conduit à l'échafaud *trente-quatre* pères de famille , dont il reconnaît aujourd'hui l'innocence de laquelle il ne doutait point alors , et qu'il a néanmoins itérativement calomniés le 3 vendémiaire , deux mois après la mort des tyrans qui l'effrayaient, dit-il , et le contraignirent lorsqu'il fit son premier rapport. C'est ainsi qu'il a porté la désolation et la mort dans toutes nos familles.

Voilà des faits constans , notoires. Le comité de législation en trouvera la preuve écrite dans les rapports de *Dupin* , du 16 floréal de l'an deux , et du 3 vendémiaire de l'an trois , dans la motion d'ordre du 16 floréal dernier , et dans le procès-verbal que nous joignons à cette dénonciation.

Nous ne cesserons jamais de demander justice des reviseurs assassins qu'on a suscité pour conduire nos pères et nos maris à l'échafaud, et de *Dupin* qui, au lieu de surveiller ces monstres, s'est publiquement déclaré leur chef, qui dit avoir fait son premier rapport du 16 floréal dans la terreur que lui imprimait ses amis trop puissans, et qui le 3 vendémiaire, quand ses amis avaient déjà expié leurs attentats, est encore venu insulter les mânes de ses victimes.

La Convention nationale se doit cette justice et cette vengeance. Elle les doit à son honneur et à ses principes d'équité, comme à nos familles inconsolables.

A Paris, le 22 messidor, an III.

Signés GEORGE-MONTCLOUX *fils.*

PAULZE, *veuve* LAVOISIER,

PIGNON, *veuve* DE LA HAYE.

PAPILLON-SANNOIS, *fils de* PAPILLON-AUTROCHE.

ADDITION

ADDITION

A LA DÉNONCIATION

PRÉSENTÉE

AU COMITÉ DE LÉGISLATION;

Contre *le Représentant du Peuple* Dupin;

Par les Veuves et Enfans soussignés des ci-devant Fermiers Généraux.

Les faits que nous allons mettre sous les yeux du comité de législation, ne peuvent point ajouter à l'horreur qu'un Représentant du Peuple, qui s'est avoué à la tribune complice et principal moteur de *l'assassinat* de trente-quatre pères de famille (1), doit inspirer à ses collègues qui ont de l'humanité, de l'honneur et de la vertu.

Mais ils feront connaître comment les crimes les plus vils s'allient naturellement avec les plus

___

(1) Motion d'ordre de *Dupin*, prononcée le 16 floréal dernier, imprimée par ordre de la Convention, pages première, 5, 7 et 10.

B

atroces. Ils manifesteront une partie de la bassesse, et donneront encore quelques détails sur la cruauté de l'homme contre lequel nous réclamons la justice de la Convention nationale et la vengeance des loix.

Nous avons, dans notre dénonciation, cité plusieurs traits du procès-verbal informe, fait par *Dupin*, le 21 floréal de l'an deuxième, de la dépouille de ses victimes : dépouille dont il avait ôsé prendre possession dès le 18, d'après un arrêté sollicité par lui au comité de sûreté générale, la veille de la mort des fermiers généraux; car on ne peut pas dire de leur jugement, puisqu'ils n'ont pas été jugés.

Quand la Providence a ramené *Dupin* au bout de l'an, au jour anniversaire de son délit, en faire amende honorable à la Convention nationale, il a été forcé de convenir du fait constaté au procès de Fouquier - Tinville, qu'*il n'existe contre les fermiers généraux aucune déclaration de jury, et par conséquent aucun jugement* (motion d'ordre, *page* 10).

La veille donc du jour où ces citoyens comparurent devant le tribunal de sang et furent *assassinés*, *Dupin* avait demandé et obtenu le pouvoir de s'emparer de leurs effets. Nous ignorons quel usage il a fait de ce pouvoir pendant trois jours. Mais à dater de cette époque, une partie de sa conduite est constatée par une suite de procès-verbaux, dont nous apportons au comité des copies et des expéditions. Le comité y remarquera combien les grands crimes troublent le bon-sens et la mémoire, et mettent les coupables dans l'impuissance de se cacher.

Le premier de ces actes est le procès-verbal dont nous avons déjà parlé et que nous joignons ici. Il fut rédigé les 21, 22 et 24 floréal de l'an deux, par *Dupin* et par les nommés *Fleury* et *Collet*, alors commissaires du comité révolutionnaire de la Halle-aux-Bleds.

On y voit DUPIN, qui convient aujourd'hui que *les fermiers généraux devaient être entendus* (motion d'ordre, page 10) *qu'ils ne l'ont pas été* (ibid.) (2) ; *que son rapport a été pour eux le tocsin de la mort* (ibid) ; *qu'ils ont été sacrifiés...... par une trame infernale* (page 5) *et dire qu'il a le cœur navré de cet événement* (page 10); interrompre son odieux et avide travail d'huissier, avec une

____

(2) *Dupin* sait bien pourquoi les fermiers généraux n'ont pas été entendus, car il leur écrivait le 26 nivose, *aucune communication de vive voix ne peut avoir lieu. Les discussions que vous désirez établir sont superflues.*

inhumanité plus horrible de sbire, pour en-
voyer au supplice deux vieillards oubliés, qui
avaient survécu à leurs confrères. Voici les
paroles du procès verbal.

« D'après *les observations* du Représentant
» du Peuple, nous avons remis la vacation au
» quartidi, ayant été *obligés* d'aller chez l'ac-
» cusateur public près le tribunal révolution-
» naire, pour lui *dénoncer* les nommés *Douet*
» et *Mercier* , tous deux ci-devant fermiers
» généraux, incarcérés dans des maisons d'arrêt
» pour cause d'incivisme, et qui avaient, par
» ce moyen, *échappé* au décret rendu contre
» eux, en date du 16 floréal ».

On y voit *Dupin* récompenser, de la manière
suivante, le zèle des deux dénonciateurs, qu'il
mettait en course d'après ses *observations.*

» Comme les membres, composans le comité
» révolutionaire, ont, dans tous les tems,
» donné des preuves de civisme et de dévoue-
» ment à la chose publique ; qu'ils sont presque
» tous chargs d'une nombreuse famille , ou
» qu'ils partagent le peu qu'ils ont avec leurs
» parens, et que la plupart sont sans res-
» source, ayant abandonné leurs états pour
» remplir, avec exactitude , leurs fonctions de
» commissaires au comité ; j'ai pensé , moi,

» *Représentant du Peuple*, qu'il convenait de
» leur donner à chacun des hardes et un peu
» de linge » : à raison de quoi, les deux commissaires ont, » *conjointement avec le Repré-*
» *sentant du Peuple*, et *par ses ordres*, fait
» *plusieurs paquets* de vieux habits, vieux
» linges, vieilles couvertures, vieilles chemises,
» vieux draps, etc ». qu'ils ont emporté et fait
emporter, sans autre description.

Mais ce qu'on ne voit point dans ce curieux
procès-verbal, ou ce qu'on y voit avec une in-
fidélité prouvée sans replique, par un second
procès verbal fait en présence et sur les déclarations de *Dupin*, signées de lui, ainsi que
par six autres procès verbaux subséquens, c'est
le nombre des porte-feuilles laissés par trente-
deux fermiers généraux, et la nature des papiers et autres effets qu'ils renfermaient.

On est certain que le citoyen *Saint-Amaud*
avait un porte-feuille. On sait que, la veille de
sa translation, des papiers précieux lui avaient
été remis entre les mains. Le citoyen *d'Autroche* avait deux porte-feuilles, et dans un de
ces deux, *cinq billets* au porteur de *dix mille
francs* chacun, souscrits par *Baudart Saint-
James*; plusieurs autres billets, un état détaillé de sa fortune, le contrat de mariage de

son fils. Et dans le vrai, il n'y avait pas un fermier général qui n'eût au moins un porte-feuille; pas un qui, dans ce porte-feuille, n'eût une partie de sa fortune.

Le procès-verbal énonce *trois porte-feuilles* seulement, sur trente-deux hommes riches, et dans un de ces porte-feuilles, *dix-huit cent quarante-huit livres* en or, *et quatorze mille deux cent cinquante livres* en assignats, *lesquels y ont été renfermés sous le scellé* avec d'autres papiers.

Le scellé, dit encore le procès-verbal, a été mis pareillement sur *un autre porte-feuille*, OU IL Y AVAIT PLUSIEURS BILLETS PRÉCIEUX, et qui a été trouvé dans la chambre qu'habitait le citoyen *Saint-Amand*. Le *scellé*, dit toujours le même procès-verbal, a été mis aussi sur le troisième *porte-feuille renfermant des papiers*.

Le citoyen *Dupin*, ajoute le procès-verbal, *s'est chargé des clefs* de ces porte-feuilles, et du soin de les *déposer à la trésorerie nationale*.

Mais ce n'est point *à la trésorerie*, c'est CHEZ LUI que *Dupin* a fait conduire les porte-feuilles. Il les y a gardés sept mois. Et peut-être y seraient-ils encore, si l'on n'eût au commencement de frimaire proposé dans le sein de la Convention d'examiner la conduite des députés, et de les obliger à rendre compte de leur fortune.

Alors *Dupin* a songé qu'il avait des *porte-feuilles de fermiers généraux*, enveloppes embarrassantes, témoins et monumens fâcheux, dont il fallait obtenir décharge. Il a écrit en conséquence le 14 frimaire au bureau du domaine, qu'il était prêt à les remettre ; et le citoyen *Thevenin*, commissaire de ce bureau, assisté de deux commissaires civils de la section de la Montagne , s'est transporté chez *Dupin*.

Tous les procès des grands coupables ont, dans tous les tems , prouvé que les hommes couverts de sang ne peuvent, dans le trouble de leur âme, conserver aucun souvenir exact des circonstances qui ont accompagné ou suivi leurs forfaits ; et qu'ils pensent même rarement à consulter les pièces qui pourraient les remettre sur la voie. Dieu , et le remords, et la honte, et la peur, les frappent de vertige.

Dupin avait oublié le nombre des *porte-feuilles*. Il a négligé de relire son propre écrit ; ce procès-verbal d'inventaire des 21 , 22 et 24 floréal, rédigé par lui avec deux membres de comités révolutionnaires de son choix.

S'il l'eût relu , il y aurait trouvé que *trois*

porte-feuilles seulement y étaient mentionnés ; et que *tous trois* l'étaient comme *ayant été scellés* par lui-même et par ses coopérateurs.

Au lieu de *trois porte-feuilles*, énoncés sans plus en l'inventaire, *Dupin* en a représenté *quatre*.

Au lieu de *trois porte-feuilles* scellés, il en a représenté *deux seulement* avec *un scellé* qui va être le sujet d'une sérieuse observation, et les deux autres ouverts.

Qu'était devenu le *scellé* du troisième porte-feuille ?

Il faut que *Dupin* réponde à cela.

Quelle espèce de *scellé* se trouvait sur les deux autres ? Il faudra qu'il réponde encore à cette seconde question.

L'apparence au moins de l'ordre, qu'il avait même été trop facile à *Dupin* de rendre illusoire pendant les trois jours qui ont précédé son procès-verbal d'inventaire prétendu : l'apparence de l'ordre et de la délicatesse aurait voulu que les porte-feuilles fussent scellés du cachet du comité révolutionnaire de la section de la Halle-au-Bled, dont deux commissaires procédaient avec *Dupin* à ce simulacre d'inventaire, et croisés par le scellé au cachet du comité de sûreté générale que représentait *Dupin*.

Point du tout. Les deux porte feuilles qui avaient un *scellé* ne l'avaient qu'au cachet particulier et non légal du nommé *Fleury*, premier commissaire choisi par *Dupin* pour l'aider dans le ministère d'huissier-priseur, si ridiculement au-dessous du caractère d'un Représentant du Peuple. Et ce cachet particulier était demeuré à la disposition personnelle de *Fleury*, lequel avait cessé d'être membre du comité révolutionnaire, de *Fleury* qui n'ôsa se présenter le 17 frimaire devant les commissaires du bureau du domaine et de la section de la Montagne, et qui n'a reparu que lorsqu'il a vu que le crédit de *Dupin* empêchait de donner suite à la remarque faite par ces commissaires sur l'irrégularité des scellés.

Il faut rapporter presqu'en entier l'acte que ceux-ci ont dressé de ces faits.

« Nous, etc., nous sommes transportés en
» une maison sise rue Helvétius, où demeure
» le citoyen *Dupin*, qui nous a représenté
» *quatre* porte-feuilles noirs qu'il nous a an-
» noncé avoir appartenu à des fermiers géné-
» raux.... *Deux* desdits étaient *scellés* d'un
» cachet autour duquel était écrit *République*

» *française.* Ledit *Dupin nous ayant annoncé*
» *que ces cachets étaient ceux du Comité ré-*
» *volutionnaire de la Section de la Halle au-*
» *bled,* nous nous sommes transportés chez le
» citoyen *Leguay,* membre du comité révolu-
» tionnaire du quatrième arrondissement, dans
» l'étendue duquel se trouve la section de la
» Halle - au - bled. Le citoyen *Leguay,* sur le
» rapport que nous lui avons fait de la forme
» des cachets, *présumant* que CE N'ÉTAIENT
» POINT CEUX DU COMITÉ RÉVOLUTIONNAIRE de la
» section de la Halle-au-bled, *a refusé de nous*
» *assister* sans une autorisation spéciale de son
» comité. Nous nous sommes ensuite trans-
» portés chez le citoyen *Collet,* membre de
» l'ANCIEN *comité révolutionnaire* de la section
» de la Halle-au-bled, qui nous a dit *ne pas se*
» *rappeller quels étaient les cachets.* Nous
» sommes retournés chez le citoyen *Dupin,*
» et au même instant est comparu ledit citoyen
» *Collet....* lequel nous a représenté deux ca-
» chets d'argent, *sur lesquels sont les em-*
» *preintes qui existent sur les porte-feuilles;*
» lesquels cachets ledit citoyen *Collet* nous a
» dit *appartenir au citoyen Fleury,* autre
» *membre de l'*ANCIEN *comité révolutionnaire*
» de la section de la Halle-au-bled.... *lequel*

» *ne les a point déposés au nouveau comité*
» *révolutionnaire, attendu qu'ils lui apparte-*
» *naient personnellement.* Nous avons reçu
» cette déclaration du citoyen *Collet*, afin de
» *donner une indication* lorsqu'il s'agira de
» lever lesdits *scellés*, etc.

» Et ont lesdits citoyens *Dupin* et *Collet*, en
» *ce qui concerne leurs déclarations*, et les
» commissaires de la section de la Montagne,
» signé avec nous. Ainsi signé DUPIN, *Collet*,
» *Lignié*, *du Hannoy*, et THEVENIN, com-
» missaire. »

Voilà donc *Dupin* avouant par sa signature
et devant témoins, qu'il avait à disposition
quatre porte-feuilles de fermiers généraux,
quoiqu'il n'en eût reconnu et inscrit que *trois*
dans son procès-verbal d'inventaire des 21, 22
et 24 floréal.

Voilà *Dupin* avouant par sa signature et devant témoins, qu'il n'y a que *deux porte-feuilles*
de *scellés*, quoique lui et ses deux consorts
eussent déclaré dans leur procès-verbal des 21
et 22 floréal, en avoir scellé *trois*.

Voilà *Dupin* avouant par sa signature et devant témoins, que le scellé d'*un des trois* porte-
feuilles *au moins* a été brisé, enlevé, soustrait
pendant les sept mois que les porte-feuilles

qu'il *s'était chargé de remettre à la trésorerie*, ont passé avec lui dans sa chambre.

Voilà *Dupin* avouant par sa signature et devant témoins, que les deux porte-feuilles qui paraissent encore *scellés* ne le sont réellement point ; qu'ils ne le sont d'aucun cachet légal et authentique, ni de celui du comité de sûreté générale, ni de celui du comité révolutionnaire de la section de la Halle-au-bled ; qu'ils le sont du cachet d'un particulier, son collaborateur, son affilié, et d'un particulier qui, au moment de la crise, évite de paraître, et envoie son compagnon.

Dupin par la suite lui a rendu le courage. Le bureau du domaine n'ayant pas relevé l'observation de son commissaire et des commissaires de la section de la Montagne sur la nullité légale des scellés, et la connivence vraisemblable de *Dupin* et de *Fleury*, celui-ci a osé douze jours après, se présenter, comme si son cachet particulier demeuré entre ses mains pouvait imprimer à un scellé un caractère juridique. Et le citoyen *Leguay* qui avait d'abord *refusé* de concourir à une levée de scellés si peu concluante, et si propre à couvrir l'iniquité, a eu la faiblesse de se prêter à l'accompagner le 29 frimaire. On sait qu'à cette époque la terreur n'était point détruite ; que

les assassins , les dilapidateurs, les dépositaires
infidèles recommençaient à tramer les attentats qui ont éclaté le 12 germinal.

On a donc ouvert les porte-feuilles , et qu'y
a-t-on trouvé?

Les *vingt-deux doubles louis* d'or, les *trente-
trois louis d'or* simples, les *quatorze mille deux
cent cinquante livres* en assignats *enfermés* et
scellés dans le second d'entre eux, le 21 floréal?
Non. (5).

---

(3) *Dupin* dira qu'un peu plus d'un mois après son procès-verbal , le
29 prairial, il a remis à la trésorerie 2544 livres en espèces et 15,545 l.
en assignats : ce qui fait le compte juste des soixante et dix-sept
louis remis dans le porte-feuille , et de vingt-neuf autres qui n'y
avaient pas été déposés et scellés ; et, à *cent cinq livres* près, le compte
des 14,250 livres enfermées et scellées aussi dans le porte-feuille,
et de 1400 livres mentionnées au même procès-verbal comme n'ayant
pas été mises sous le scellé. Mais comment *Dupin* a-t-il pu faire
cette remise sans ouvrir le porte-feuille où il avait enfermé, et scellé
avec les commissaires du comité révolutionnaire, les soixante et dix-
sept louis et les 14,250 liv. en assignats ? Il a donc *brisé le scellé* du
porte-feuille, premier point qu'il fallait démontrer. Et en effet
ne s'est plus trouvé que deux porte-feuilles scellés sur trois.
Ce n'est point tout : le procès-verbal des 21 et 22 floréal fait
mention en outre d'une montre d'or à répétition, d'une bourse d'or,
d'une tabatière. Il y a grande apparence que les fermiers généraux
avaient d'autres bijoux dont on ne parle point. Mais ceux-là et la
bourse d'or que , pour ne pas choquer la vraisemblance , *Dupin*
avait cru devoir énoncer, que sont-ils devenus ? Comment cet
homme n'a-t-il pas revu son propre compte ? Il était trop agité,
trop tourmenté par les furies. *Souvenirs amers répandus sur chaque
moment de son existence.* (Les motion d'ordre de *Dupin* , page 2.)

Les *billets précieux* trouvés dans la chambre et dans le porte-feuille de *Saint-Amand*? Non. Pas même de porte-feuille, pas même un seul papier à lui.

Les billets au porteur, les autres billets, l'état de la fortune d'*Autroche*? Non. Pas même un seul papier à lui.

Les inscriptions, les assignats, les contrats, les bijoux de leurs trente confrères! Non.

Quelques titres de propriété, quelques pièces relatives à quelques créances actives et passives, des mémoires de serrurier et d'autres fournisseurs, des quittances de contribution foncière, mobiliaire, et patriotique, ou de l'emprunt volontaire et forcé appartenans à six fermiers généraux.

Quoi! les papiers de six fermiers généraux mêlés dans les quatre porte-feuilles? Oui.

Quoi! nul papier des vingt-six autres fermiers généraux? Non.

Quoi! vingt-six fermiers généraux n'ont laissé ni porte-feuilles, ni papiers! Nous ne disons pas qu'ils n'en aient point laissé ; nous sommes très-assurés du contraire. Nous disons seulement, avec les procès-verbaux, que *Dupin* qui s'était rendu dépositaire de tout, qui a fait un faux procès-verbal les 21 et 22 floréal, qui a fait apposer de faux scellés, qui a même brisé une partie de ces scellés trompeurs, ne représente ni leurs papiers, ni leurs *billets précieux*, ni leurs *assignats*, ni leurs *louis d'or*; non pas même ceux dont il a parlé dans son propre procès-verbal.

Et nous ajoutons qu'un tel dépositaire, qu'un tel dilapidateur, qu'un tel géolier, qu'un tel huissier-commissaire-priseur, accablé sous le poids de huit procès-verbaux dont le premier a été rédigé par lui-même, et le second en sa présence et sur ses déclarations revêtues de sa signature; convaincu par son propre aveu fait à la tribune de la Convention, le 16 floréal dernier, d'avoir *par lâcheté*, sur la menace d'*être perdu sans ressource* (motion d'ordre de Dupin, page 7), *arraché à la Convention nationale un décret qui n'eût jamais dû exister* (Ibid.); d'avoir, pour complaire *à une trame infernale* (page 5) qui voulait *sacrifier les fermiers généraux* (Ibid.), *sonné le tocsin de la mort de ces citoyens* (page 10), en les envoyant *devant un tribunal corrompu et vendu entièrement à la faction* (page 8) : nous disons qu'un tel *assassin*, qui l'a été par des motifs si bas, et qui paraît s'être approprié ainsi les assignats, l'or et les bijoux de ses victimes; ne doit pas siéger parmi les Représentans du Peuple, ne doit pas avoir l'honneur de signer la Constitution, et doit être jugé par le tribunal criminel du département de Paris.

7 Thermidor de l'an trois.

Signés GEORGE-MONTCLOUX *fils.*

PAULZE, *veuve* LAVOISIER.

PIGNON, *veuve* DE LA HAYE.

PAPILLON-SANNOIS, *fils de* PAPILLON-D'AUTROCHE.

PIÈCES JUSTIFICATIVES.

PIÈCES JUSTIFICATIVES.

(Nᵒ Iᵉʳ.)

MOTION *d'ordre (4) et Exposé fidèle de tout ce qui s'est passé dans l'affaire des Fermiers généraux, assassinés par la faction de Robespierre et ses complices, le 19 Floréal, an troisième de la République, par le Tribunal révolutionnaire.*

PAR DUPIN, Représentant du Peuple.

———

CITOYENS,

De tous les devoirs d'un Représentant du Peuple, le plus sacré, peut-être, est celui de vous *dénoncer les crimes qui ont été commis contre les citoyens, et de vous indiquer les victimes*, afin que votre justice puisse s'exercer, en donnant, du moins, à leur malheureuse famille, les consolations et les adou-

———

(4) Cette motion de *Dupin* est copiée sur l'édition qui en a été faite par ordre de la Convention nationale.

On n'en a retranché que quelques longueurs, afin que l'impression pût être terminée, et la distribution faite aux Représentans du Peuple, avant le rapport du comité de législation.

C

tissemens dont leur infortune a un si grand besoin.

Ce devoir, je vais le remplir.

Quelque pénible qu'il soit pour mon cœur, *par les souvenirs amers qu'il répand sur chaque moment de mon existence*, j'aurai du moins le courage de vous présenter la vérité; elle sortira toute entière de ma bouche, et l'expression de ma sensibilité ira consoler les mânes plaintives *des infortunés que vous ne pouvez rendre à la vie*, mais que vous consolerez, en la personne de ceux qu'ils ont laissés pour donner des larmes à leur mémoire.

Par un décret du 27 septembre 1793, (de l'ère vulgaire), vous avez établi une commission de cinq membres, à l'effet d'examiner et de constater les abus et malversations dont on reprochait aux ci-devant fermiers généraux de s'être rendus coupables pendant les baux de David, Salzard et Mager.........

Citoyens collègues, les détails que je vais vous présenter serviront à fixer très-positivement dans votre esprit la justice du décret que je vais vous soumettre, et ne seront pas inutiles à la postérité et à l'histoire politique de notre révolution.

Vous vous rappelez, citoyens, *à quel point de fermentation on avait monté l'opinion générale contre les ci-devant fermiers généraux; les déclamations de Cambon*, qui annonçait que les fermiers généraux regorgeraient au moins trois cents millions, celles de *Montaut*, qui *provoqua leur incarcération*, et celles de quelques autres députés, qui faisaient souvent retentir les voûtes de cette salle des *discours les plus virulens* contre les percepteurs des deniers publics. Les dénominations les plus odieuses leur étaient prodiguées; des pamphlets, des écrits, des diatribes répandus avec profusion, avaient électrisé les têtes.

On avait employé, pour les perdre dans l'esprit public, tous les moyens de corruption qui peuvent séduire et aveugler les hommes. Bientôt tous ceux qui pendant longues années avaient tiré leur subsistance et celle de leurs familles, des salaires et des appointemens qu'ils retiraient de la ferme générale, sont devenus les plus ardens persécuteurs, les ennemis les plus acharnés de leurs bienfaiteurs (5). Commis, râpeurs de tabac, invalides, porteurs de charbon, une nuée de salariés de toutes les couleurs s'était élevée contre eux, et les avaient traduits devant les tribunaux de Paris.

Chaque demande y était accueillie, parce que les demandeurs se portaient en masse au tribunal, et y dictaient audacieusement les jugemens qu'ils exigeaient.

La voie de cassation ouverte à tous les citoyens était fermée pour eux; les jugemens étaient exécutés aussitôt que rendus, et leurs adversaires les faisaient précéder de la terreur, au point d'im-

---

(5) Entre autres, *Dupin*, qui avoue ici les avoir *assassinés*, et qui a été contrôleur général des fermes. *Note de l'éditeur.*

poser silence, sinon à la conscience, au moins au courage des magistrats.

Bientôt des condamnations pour environ vingt millions furent prononcées contre eux. On procédait par saisie sur leurs effets mobiliers; la nation allait voir disparaître son gage : il était au moment d'être dilapidé et disséminé entre cette foule de prétendus réclamans, lorsque sur mon rapport vous avez rendu un décret qui enfin a mis un terme aux dilapidations qui allaient résulter de ces jugemens, obtenus par la violence, et rendus par la faiblesse, en ordonnant que tous les procès jugés, ou à juger, seraient examinés par la régie de l'enregistrement, pour en présenter un état sommaire au comité des finances, qui vous en ferait un rapport.

Ces orages étaient toujours les avant-coureurs de quelque grande opération. Il en existait une, en effet, dont *l'idée avait été conçue dans le comité de salut public, par Robespierre et ses complices, jettée en avant aux jacobins, accueillie dans cet infâme repaire,* puis répandue et protégée dans tous les coins de la République, par les mille voix que cette fameuse société avait à ses ordres, et que les meneurs fatiguaient si souvent, pour propager leur doctrine destructive de tout principe de morale, d'honneur et d'humanité.

Cette grande opération, proposée plusieurs fois par *Montaut,* était *l'expropriation des fermiers généraux.*

Les *dilapidations* en tout genre de *Robespierre et de ses complices*, avaient fait sentir à ces monstres la nécessité de ce que la faction appelait *battre monnaie*.

Dans *leur délire extravagant*, les auteurs de ce projet avaient élevé la fortune en masse des fermiers généraux à des sommes immenses, et ils n'avaient pas un grand effort de génie à faire pour concevoir qu'*en les sacrifiant*, ils enrichiraient le trésor public, dans lequel ils puisaient effrontément.

Mais, pour *sacrifier ces citoyens*, il fallait exciter contr'eux *une persécution si générale*, que la Convention elle-même se trouvât dans la nécessité absolue d'obéir à *ce qu'on appelait la voix du peuple*, la volonté nationale, et qui n'était cependant que le résultat d'*un plan de finance* projetté par Robespierre et ses complices.

Vous avez sans doute remarqué cette marche dans plusieurs circonstances, mais *il n'en est aucune où elle ait été plus clairement démontrée que dans l'affaire des fermiers généraux*.

Si vous voulez suivre avec quelque attention *cette trame infernale*, vous y verrez combien était astucieuse et tyrannique en même temps *la conduite des scélérats* qui, à la faveur d'un masque de popularité, avaient obtenu un crédit si absolu, qu'ils s'en étaient servi pour *exercer sur cette assemblée un empire et un despotisme*, dont nos annales ne présentent aucun exemple, et dont on ne pourrait trouver de modèle que dans les règnes de Tibère et de Néron.

Le concours de trois comités réunis pour prononcer sur l'affaire des fermiers généraux, avait quelque chose d'imposant, et présentait, au premier coup-d'œil, le projet de leur rendre justice.....

Ce travail entraînait beaucoup de temps, ce qui contrariait l'impatience de ceux qui, ayant spéculé sur la fortune de ces victimes, qu'ils avaient désignées, voulaient que cette affaire fût jugée sans examen, et révolutionnairement.

Chargé, par les comités, du rapport de cette affaire, on avait beau me presser, m'aiguillonner de toutes les manières, on n'avait rien obtenu de ma complaisance qui fût contraire à mes principes, lorsque, pour mettre fin à ce qu'ils appelaient mes lenteurs, on employa contre moi l'arme si familière, celle de la calomnie.

Quelque temps après, je sollicitai et j'obtins au comité de sûreté générale, la liberté des citoyens Chiconneau-Lavalette et Douazan, tous deux adjoints. Un membre du comité de sûreté générale eut l'air de me témoigner de l'amitié : c'était *Vadier*; mais je ne fus pas plutôt sorti, qu'il déclara au comité de sûreté générale que j'étais vendu à la ferme générale. Ce fut mon collègue Monestier (de la Lozère) qui en avertit les citoyens Boisseau et sa femme, tous deux connus de plusieurs membres de cette assemblée, de Cambacérès, Clauzel, Merlin (de Thionville) : ces citoyens vinrent, le jour même, me faire part de ce qui se passait.

Vous voyez, citoyens, que j'étais déja dénoncé par deux comités, comme vendu.

Monnot, mon collègue, m'avoua franchement qu'il me croyait vendu aux fermiers généraux ; je l'adjure de déclarer si le fait n'est pas de toute vérité......

Des écrits anonymes contre la commission furent envoyés à l'infâme Robespierre.

Mais une dénonciation plus grave était dirigée contre moi ; on m'accusait de m'être laissé corrompre à force d'argent par les fermiers généraux ; on nommait même celui qui avait fourni les fonds, et on disait que mon projet était de ne pas faire le rapport, quoiqu'il eut été ordonné par les comités réunis.

Cette dénonciation s'est trouvée dans les papiers du scélérat dont le 9 thermidor a dévoilé tous les crimes, et elle existe encore dans les mains de mon collègue Courtois. Je l'invite à déclarer le fait.

Le 16 floréal, un membre du comité de salut public vint me prévenir de cette dénonciation ; il m'annonça que si je ne faisais pas le rapport le même jour, j'aurais le même sort que les membres du comité des douze ; que *je serais perdu sans ressource.*

C'est en nous environnant *de tous les moyens de terreur,* qu'on était parvenu, citoyens, à *nous*

subjuguer et à mettre la Convention entière sous
l'oppression ; c'est par de pareils moyens qu'on est
parvenu *à arracher à la Convention* , *à surprendre à*
sa conscience des décrets qui , plus mûrement discutés , approfondis , dans toutes leurs conséquences
et dans leurs rapports , *n'eussent jamais existé.* . . .

J'avais bravé la calomnie , j'eusse bravé la mort ;
mais le deshonneur et l'infamie , cela était au-dessus
de mes forces. . . . . .

Le tribunal, à cette époque , ne s'était pas encore
signalé par ces excès de cruauté et de barbarie , dont
il n'a depuis donné que trop d'exemples ; on le croyait
un tribunal , et non le premier degré qui montait à
l'échafaud.

Le 16 floréal le rapport fut fait à trois heures
et demie , les fermiers généraux furent envoyés au
tribunal révolutionnaire pour être jugés conformé-
ment à la loi.

J'avais inséré dans mon rapport quelques paragra-
phes qui étaient bien faits pour éclairer la conscience
des jurés ; j'annonçais la conviction intime où j'étais
qu'une grande partie des fermiers généraux était
très-innocente des manœuvres qui leur étaient im-
putées , et qu'ils s'y étaient même opposés très-
long-temps et avec énergie ; je recommandai à la
justice de séparer les innocens des coupables. En
présentant l'arrêté des comités réunis , j'avais laissé
entrevoir et même exprimé mon opinion personnelle
assez clairement, pour démontrer aux jurés la né-

cessité de laisser à la défense des accusés une grande latitude ; mais toutes ces indications devenaient inutiles devant *un tribunal corrompu et vendu entièrement à la faction.*

Les fermiers généraux furent transférés le 16 floréal à la conciergerie. . . . . . .

Mais les fermiers généraux ont-ils été jugés ? Sont-ils conséquemment dans le cas de la confiscation qui résulte des condamnations ? Leurs familles, au contraire, ne sont-elles pas fondées à obtenir la décharge de la confiscation ?

C'est une question sur laquelle il ne sera pas difficile de prononcer.

J'ai le cœur navré plus que je ne puis vous l'exprimer, en vous disant que le décret que la Convention nationale a rendu sur mon rapport, au nom des comités, *a été le tocsin de la mort pour les fermiers généraux.*

On devait leur présenter les différens chefs d'accusation, les discuter, leur mettre les pièces sous les yeux, leur faire des interpellations ; rien de tout cela n'a été fait : *ils devaient être entendus, ils ne l'ont pas été. Ils ont été envoyés à la mort sans avoir été jugés,* et avant l'impression du rapport.

Leur affaire a fait un des objets d'interrogation à Fouquier, lors de son procès, dans la séance du 5 floréal. Voici les interpellations faites à cet homme trop connu par ses crimes.

Séance du 5 floréal.

» *L'accusateur public.* Comment le décret du 16 floréal, qui renvoie les ci-devant fermiers généraux au tribunal révolutionnaire, vous est-il parvenu ?

» *Fouquier.* Par la voie officielle.

» *L'accusateur.* C'est donc d'après le décret que vous avez dressé votre acte d'accusation ?

» *Fouquier.* Oui.

» *L'accusateur.* Comment se peut-il que ce soit en vertu du décret, puisque votre acte d'accusation est du 16 même jour, et que le décret n'a été collationné que le 17, présenté et enregistré au tribunal que le 18 ?

» *Fouquier.* Ah ! je me ressouviens, j'ai été mandé au comité de salut public, à l'occasion de cette affaire, à deux heures du matin.

» *L'accusateur.* Si vous avez été mandé à deux heures du matin dans la nuit du 16 au 17, conséquemment votre acte d'accusation était donc dressé avant votre conférence avec le comité de salut public ?

» *Fouquier* fit une réponse très-insignifiante, et dit : vous voulez me faire mon procès pour avoir fait celui des sangsues du peuple et des contre-révolutionnaires ?

» *L'accusateur.* A lui demandé pourquoi les trois adjoints étaient compris dans l'acte d'accusation ?

» *Fouquier.* Qu'il les avait regardés comme intéressés aux baux et comme fermiers généraux, et qu'ils avaient été retirés de jugement en vertu d'un décret rendu sur le rapport de Dupin.

» *L'accusateur.* A lui demandé pourquoi le décret ne formant aucune exception, le citoyen Verdun n'avait pas été compris dans la mise en jugement? En vertu de quel ordre?

» *Fouquier.* Verdun ayant été regardé comme bon patriote, a été excepté par un arrêté du comité de salut public.

» L'accusateur lui a observé qu'il n'y avait point de déclaration de jury; que la feuille était en blanc, *Signée* Cofinhal.

» Fouquier répondit : cela ne me regardait pas, mais bien le président.....»

Il résulte qu'où il n'y a point de déclaration de jury, il n'y a point de jugement.

Voici le projet de décret que je propose à la Convention.

La Convention nationale décrète :

Que la confiscation résultante du jugement de condamnation prononcée contre les ci-devant fermiers généraux, est de nul effet.

En conséquence, tous séquestres mis sur leurs biens et sur ceux de leurs héritiers, représentans, adjoints et autres, à raison des répétitions, seront levés et convertis en une simple opposition sur les immeubles, jusqu'à fin de l'appurement des comptes de la ferme générale.

Je demande le renvoi du projet de décret au comité de législation, pour le rapport en être fait sous trois jours, dans le cas où la Convention ne se déciderait pas à faire un grand acte de justice, en votant par acclamation un décret fait pour signaler les principes de justice et d'humanité dont la Convention, libre depuis le 9 thermidor, n'a cessé de donner des preuues.

Nota. Par décret du 16 floréal, la Convention a ordonné l'impression du Rapport; et l'ordre du jour motivé, sur le décret rendu le 15, en faveur des condamnés.

(Nº II.)

EXTRAIT

DU PROCÈS-VERBAL

FAIT PAR DUPIN.

QUATRIEME ARRONDISSEMENT.

COMITÉ DE SURVEILLANCE.

EXTRAIT *des procès-verbaux de l'ancien comité révolutionnaire de la section de la Halle au Bled.*

EN vertu d'un arrêté du comité de sûreté générale de la Convention nationale, en date du dix-huit floréal, et sur la déclaration transmise audit comité, nous André-Simon Olivier Dupin, Représentant du Peuple, et membre de la Commission des finances; François-Marie Fleury, et Charles-Antoine Collet, tous deux membres du Comité-révolutionnaire de la section de la Halle au Bled, nous sommes transportés à la ci-devant maison des fermes, à neuf heures du matin, à l'effet d'inventorier tous les effets qui ont été laissés par les ci-devant fermiers généraux, et d'en constater le tout par un procès-verbal. Nous avons interpellé le citoyen Nécard, concierge de la maison d'arrêt dite des Fermes, de nous déclarer si on ne lui avait pas remis de l'argent ou des bijoux ; lequel a répondu que le citoyen Di-delot lui avait laissé, *dans son porte-feuille*, des assignats et une bourse, où il lui a dit qu'il y avait de l'or. Avons pareillement interpellé le citoyen Mollien, détenu dans ladite maison d'arrêt, de nous déclarer si les ci-devant fermiers généraux ne lui avaient pas confié des papiers, bijoux ou assi-gnats, lequel a déclaré, en présence des commis-saires ci-dessus nommés, qu'au moment même de la translation des ci-devant fermiers généraux, il lui fut remis, pour être déposés dans les mains du ci-toyen Nécard, concierge, 1°. une petite montre en or à répétition ; 2°. un paquet d'assignats contenant 1400 livres ; 3°. un couvert d'argent à filets ; 4°. une paire de boucles d'argent à souliers ; une petite boëte d'écaille blonde avec deux portraits ; lequel Mollien a de plus déclaré qu'il en avait instruit sur-le-champ le concierge.

Dans la première chambre à droite, nous avons trouvé dans une armoire un couvert d'argent à filets, ect.

Dans la seconde, un lit de sangle, etc.

Dans une petite armoire, nous avons trouvé des *papiers intéressans* que nous avons mis *sous les scellés*, pour être dépo és à la trésorerie nationale.

Une petite boëte, renfermant huit petites cuillères à

café en argent, une tabatière et un *grand porte-feuille noir* renfermant des papiers. Nous avons apposés *les scellés dessus* pour être déposés à la trésorerie nationale. *Le citoyen Dupin* s'est chargé de la clef.

Dans une petite chambre au-dessus, etc. le peu de comestibles qui s'est trouvé dans les trois chambres que nous avons examinées a été remis au comité de bienfaisance, ainsi que les vieux habits, robes-de-chambre, souliers, bas, culottes, peignoirs et draps, pour être distribués aux pères et mères des braves défenseurs de la patrie.

Nous nous sommes de suite transportés dans la pièce à gauche, attenant celle d'entrée, où se tiennent les guichetiers, après avoir fermé l'appartement d'où nous sortions. Nous avons trouvé *un porte-feuille noir*, renfermant vingt-deux doubles louis, et trente-trois louis simples, trente assignats de 400 livres, vingt-deux assignats de 5o l. Mille livres en assignats de 25 livres, et en assignats de 10 liv. et 5 livres 15o liv. *Il y avait aussi d'autres papiers* que nous avons trouvés, et que nous avons déposés *dans ledit porte-feuille.* Nous avons *apposé les scellés* dessus pour être déposés à la trésorerie nationale. Nous avons trouvés dans la même chambre dix couverts en argent à filets, quatre cuillières à ragout, et une cuisinière à potage aussi en argent, et en argent monnoyé 29 ouis. Nous avons arrêté la vacation à deux heures, après avoir retiré les deux clefs des deux portes où sont renfermés les objets ci-dessus détaillés , que nous avons laissé dans les chambres occupées par les ci-devant fermiers géné-raux , pour continuer demain 22 floréal,

Signés DUPIN, FLEURY, COLLET.

Chambre , n° 2.

Nous avons trouvé un lit de fer , etc. Dans la chambre ensuite, nous avons trouvé beaucoup de pa-piers appartenans à la ferme générale, que nous avons jugé à propos de laisser. Après en avoir fermé les portes , nous avons inventorié les effets qui se sont trouvés dans trois chambres sous la même clef , etc.

Dans la chambre à côté (G) , deux matelats , un traversin , une couverture de coton , deux couvre-pieds piqués de soie , *un porte-feuille* où il y avait *plusieurs billets précieux* , nous avons apposé les scellés dessus , et *le citoyen Dupin s'est chargé* de la clef. Ledit porte-feuille sera déposé à la trésorerie nationale, un couvert d'argent, etc. Dans le cabinet ensuite, etc. Nous avons clos la vacation.

Signé DUPIN , FLEURY , COLLET.

D'après les observations du Représentant du Peu-ple , nous avons remis la vacation au quartidi , ayant été *obligés* d'aller chez l'accusateur public près le

---

(6) Cette chambre était celle habitée par le citoyen Saint-Amand.

tribunal

tribunal révolutionnaire pour lui dénoncer les nommés Douet et Mercier, tous deux ci-devant fermiers-généraux, incarcérés dans des maisons d'arrêt pour cause d'incivisme, et qui avaient par ce moyen *échappé* au décret rendu contre eux, en date du 16 floréal.

Nous avons continué nos opérations le quartidi à dix heures du matin. Nous sommes entrés dans la chambre où se tenait ordinairement l'assemblée, où nous avons trouvé, etc.

Nous n'avons trouvé dans ladite chambre que des papiers et registres appartenant à la ci-devant ferme générale. Dans la chambre attenante, nous avons trouvé un lit, ect. Dans la chambre du fond, etc. nous sommes de suite revenus dans le corridor.

Chambre, no. 5.

Nous avons trouvé un lit à tombeau, dont le ciel est en fer, et un nécessaire, etc.

Chambre, nº. 7.

Nous avons trouvé quatre matelas, etc. Nous avons clos le présent procès-verbal et inventaire, *conjointement avec le Représentement du Peuple, après avoir, par ses ordres, fait* PLUSIEURS *paquets de vieux habits, vieux linges, vieilles couvertures, vieilles chemises, vieux draps, vieux souliers* qui ont été remis au comité révolutionnaire de la section de la Halle-au-Bled, pour être, conjointement avec le

D

comité de bienfaisance de ladite section, distribués aux pères et mères des braves défenseurs de la patrie et aux plus nécessiteux. *Comme les membres composans le comité révolutionnaire ont, dans tous les tems, donné des preuves de civisme et de dévouement à la chose publique, qu'ils sont presque tous chargés d'une nombreuse famille, ou qu'ils partagent le peu qu'ils ont avec leurs parens, et que la plus part sont sans ressource, ayant abandonné leurs états pour remplir, avec exactitude, les onctions de commissaires au comité. J'ai pensé, moi Représentant du Peuple, qu'il convenait de leur donner à chacun des hardes et un peu de linge.*

Signés DURIN, FLEURY, COLLET.

(No. III.)

LIBERTÉ.   ÉGALITÉ.

BUREAU

DU DOMAINE NATIONAL

Du Département de Paris.

L'an 3ᵉ de la République Française, une et indivisible, le 17 Frimaire, huit heures du matin.

Nous, Nicolas-Marie Thevenin, commissaire du bureau du domaine national du département de Paris, demeurant rue Cérutti, Nᵒ· 13, Section du Mont-Blanc ; en vertu d'un arrêté du bureau des domaines, en daté du 15 du présent, qui nous donne pouvoir de nous transporter au domicile du citoyen Dupin, député à la Convention nationale, pour en retirer, d'après la lettre par lui écrite *le 14 de ce mois* aux membres composans le bureau du domaine, *tous les porte-feuilles* qui y sont connus appartenans aux fermiers-généraux, assistés des citoyens Lignié et de Hennoy, adjoints au comité civil de la Montagne, nous sommes transportés dans une maison, rue Helvétius, où demeure le citoyen Dupin, qui nous a représenté *quatre* portefeuilles noirs *qu'il nous a annoncé avoir appartenu à des fermiers-généraux,* et sur lesquels nous avons reconnus les noms de *Paulze*, *Lépinay*, les deux autres sans nom ; *deux* desdits cartons étoient scellés d'un cachet, autour duquel est écrit : *République française*. Le citoyen *Dupin* nous ayant annoncé que ces cachets étaient ceux du comité révolutionnaire de la section de la Halle au Bled, nous nous sommes transportés chez le citoyen Leguay, membre du comité révolutionnaire du quatrième arrondissement, dans l'étendue duquel se trouve la Section de la Halle au Bled. Le citoyen Léguay, sur le rapport que nous lui avons fait de la forme des cachets, *présumant que ce n'étaient pas ceux du comité* révolutionnaire de la Section de la Halle au Bled, *a refusé de nous assister sans une autorisation spéciale de son comité.* Nous nous sommes ensuite transportés chez le citoyen Collet, membre du ci-devant comité révolutionnaire de la Section de la Halle au Bled, qui nous a dit *ne pas se rappeler quels étaient ces cachets.* Nous sommes retournés chez le citoyen *Dupin*, et au même instant est comparu ledit citoyen *Collet*, membre de l'ancien comité révolutionnaire de la Section de la Halle au Bled, demeurant dans ladite Section, rue de Sartine, lequel nous a représenté deux cachets d'argent, *sur lesquels sont les empreintes qui existent sur les porte-feuilles ;* lesquels cachets ledit citoyen Collet nous a dit *appartenir au citoyen Fleury,* *autre membre* du ci-devant comité révolutionnaire de la Section de la Halle au Bled, demeurant rue des Bons-Enfans, n°. 22, *lequel ne les a point déposés au nouveau comité révolutionnaire, attendu qu'ils lui appartenaient personnellement.* Nous avons reçu cette déclaration du citoyen Collet, *afin de donner une indication lorsqu'il s'agira de lever lesdits scellés;* et ayant apposé sur les *quatre* porte-feuilles les scellés du bureau du domaine national du département de Paris, lesquels ont été aussitôt croisés par ceux du comité civil de la Section de la Montagne, nous nous sommes personnellement chargés desdits *quatre* porte-feuilles, pour les porter aux archives du bureau du domaine, et en avons donné l'acte de décharge nécessaire au citoyen *Dupin.*

Et ont lesdits citoyens *Dupin* et *Collet, en ce qui concerne leur déclaration* et les commissaires de la Section de la Montagne, signés avec nous, ainsi signé *Dupin, Collet, Lignié, Du Hennoy, Thevenin,* commissaire.

Nous nous sommes ensuite transportés aux archives du bureau du domaine où nous avons déposé les porte-feuilles désignés en l'autre part.

Signé Thevenin.

Pour copie conforme. Signés Duchâtel,
Guillotin.

Par nous membres du bureau du domaine national du département de Paris.

Il y a six procès-verbaux faits au bureau du domaine, qui constatent que les quatre porte-feuilles remis par *Dupin*, étaient aux citoyens *Paulze*, *l'Épinay*, *Puissant* et *Neuilly*; qu'ils contenaient aussi des papiers aux citoyens *Didelot* et *la Perrière*, et que ces papiers, non plus que ceux des quatre autres, n'étaient d'aucune importance.

On voit au procès-verbal du 21 floréal, rédigé par *Dupin*, que le citoyen *Didelot* avait un porte-feuille, et ce porte-feuille ne se retrouve pas.

On est certain que le citoyen *Saint-Amand* avait un grand porte-feuille, et le procès-verbal de *Dupin* fait mention qu'on en a trouvé un dans sa chambre. On sait ce qui était dedans, et ce porte-feuille ne se retrouve pas.

On sait que le citoyen *d'Antroche* avait deux porte-feuilles, et l'on sait une partie de ce qui était dedans, et ces deux porte-feuilles ne se retrouvent pas.

Le procès-verbal de *Dupin* mentionne une montre à répétition, une bourse d'or et deux tabatières qui ne se retrouvent pas.

On ne peut douter que les autres fermiers-généraux n'eussent aussi des porte-feuilles et des bijoux, il ne s'en retrouve aucun.

TABLE
DES MATIÈRES,

Ou des faits prouvés dans les dénonciations contre Dupin.

Fin de la Table.

I

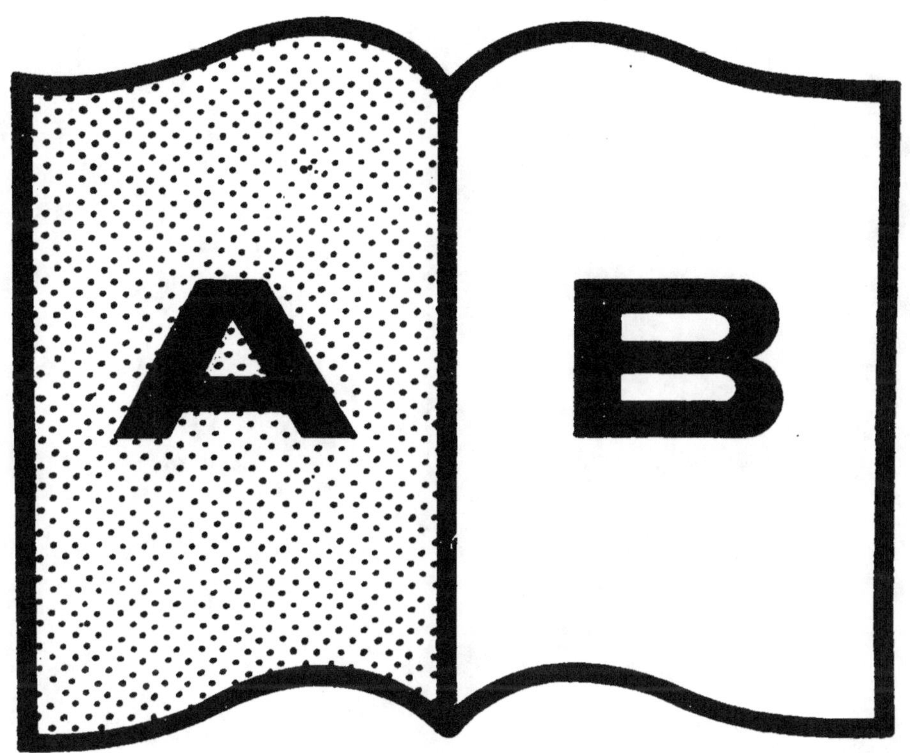

Contraste insuffisant

NF Z 43-120-14